꽃똥

시와사상 서성시선 1

꽃똥

최선희 시집

시와사상사

시인의 말

두 번째, 혀 밑에 고인 문장을 뱉어 낸다

차마고도 염정에서 소금을 만드는 여인들은
‘다시는 이렇게 무거운 소금물을 지지 않게 해 주세요’
소원한다는데

호모 비아토르

인생이 집을 향한 여행이라면 남은 여정이 의미 있기를,
어느 날 갑자기 아이스크림 맛을 못 잊어 시칠리아로
다시 떠날 만큼만

2020년 10월
최 선 희

차 례

제 2 부

차 례

제 3 부

제 4 부

제1부

나도 모르게 흔들리고 있었다

구두 뒤꿈치
꼬리가 있던 자리를 만져본다

이제는 퇴화해 흔적만 남은 자리

구두병원 늙수그레한 의사는
너무 흔들어 닳은 거라고
꼬리뼈를 갈아야 한다고 진단을 내린다

이제는 닳고 바랜
한때 뭇 수컷의 휘파람을 휘감던
핑크색 꼬리

수선하면 십 년은 더 흔들 수 있겠지

갈아 끼운 꼬리뼈가 제법 기운차다
몇 걸음 흔들면
금세 새 털이 자랄 것만 같은
간지러운 봄

흰

왼쪽 속눈썹이 하얀 그가 베이스기타를 핑거링한다

반쯤 힘 빠진 파도처럼
표백된 목소리로
보컬 사이 추임새를 넣는다

탄주는,
벼린 칼날 철렁이며 검무를 추는 무녀가 되었다가
가로등빛 닿지 않는 안개처럼 내리지 않는 번민이 되었다가

혼까지 탈색하려는 듯 눈을 감은 채
낮은 음에 올라선 그가
혀 밑에 고인 쉼표를 뱉어내듯
오래 웃는다

한 옥타브 아래로 닫혔다 열리는
흰 눈꺼풀

그물에 걸려든 바람처럼

골목 끝 대문도 없는 막다른 집
나지막한 흙담에 올라
입술이 꺼매지도록 우리는 오디를 따 먹었다
어른 엄지만 한 오디는
아이 서넛 배부를 만큼 넉넉했지만
해는 길고 돌아서면 또 배가 고팠다
그런 날은 빈집 기둥에 못 박힌 탁상용 시계가
유난히 크게 울었다
몇 번의 허물을 벗으며
나는 더 이상 키가 자라지 않았고
우리는 누에나방처럼 흩어졌다
어떤 유년은 날아가지 않고 머물지
까만색 골목 꿈은 사라졌지만
골목에 내려앉은 뽕잎이
탁상시계 소리를 뱉을 때마다
시치미를 떼도 울컥 허기가 돋는 오후
그물에 걸린 바람을 헤집듯 뒤돌아보는
오디의 계절

입동 소묘

건널목을 반쯤 건넜을 때
첫눈이라도 내려준다면

젖은 바람을 만나 헐거워진 햇살처럼
발원지를 놓친 약속은
기억 저편으로 자우룩해지지

이런 오후에 멈춘 발길은
물기가 돌아

봉인해 두었던 얼굴 하나
주머니 속에서
낮달처럼 빛을 낸다

각설탕 세 개 반을 천천히 녹인
체온이 간절해질 즈음

환청처럼 들리는
자작나무 빛바랜 이파리 몸 비비는 소리

돌아갈 수 없는 시간이 발목을 잡고
당신이 남긴 봄은 아직 멀고

누드 드로잉

붓 닿은 자리에서
옷 벗는 소리*가 들린다
여인의 벗은 숨결을 그려 넣으려면
무엇보다 물 조절을 잘 해야 한다

머리끝부터 단숨에 등뼈를 훑고
엉덩이를 부풀리고
허벅지는 육감적으로,
젖은 머리를 넘기는 오른팔이
가슴 선을 완벽하게 숨겨준다

먹 붓을 맑은 물에 휘저어
여인의 몸속을 안개로 채운다
오롯이 그려지는 납매臘梅

발꿈치를 약간 든 채
벗은 몸은 어디로 가려고 하나
붓이 닿지 않은 여백으로 퍼져나가는
여인의 숨소리

그리지 않아 그늘진 자리가 쉽다

*김광균의 「雪夜」 중

미묘한 차이

크림쉰 타입의 브레이브 레드는
밝은 톤의 촉촉한 컬러로 발림성이 좋고
섹시한 입술을 만들어 주고요
산뜻하고 따뜻한 느낌의 레드컬러로는
맹그로브를 추천드려요
립스틱을 바르지 않으면 아파보인다고 하는데
맨얼굴에 요것만 발라도 어디 외출 하냐고 묻거든요
한 듯 안한 듯 옅게 하고 싶으면
누드 톤의 코랄블리스가 좋아요
은은한 펄감이 돌고
청순하게 보이도록 해 준답니다
립스틱은 입술마다 다르게 발색되기 때문에
직접 테스트 해 보시는 게 안전해요
고객님께는 '으깬 장미'를 추천해 드릴게요
어려운 레드를 바르면 가라앉을 것만 같은 입술에
으깬 장미를 올려본다
장미 꽃잎 떼어 입술에 붙여주던 그 아이와
소꿉놀이할 때 짓찧었던 꽃물내가 난다
더웠거나 불그스레하던
늦봄 혹은 초여름의 색깔 같은

주차금지

금지구역인 줄 모르고 그를 세웠다
처음 얼마 동안은 옮겨볼까도 생각했지만
늘 그렇듯 생각뿐이었다
미적대는 사이
녹이 슬고 (날마다 닦았지만)
출입문이 삐걱거렸다 (기름을 쳤지만)
와이퍼는 빽빽해져 자꾸 유리창을 갉아 먹었다
펑크 난 바퀴를 몇 번이나 갈아 끼우고
서른 번쯤 삼백 예순 날을 보내고서야
금지구역임을 알아차렸다
뿌리를 내리고 꽃까지 피운 뒤라
폐기처분도 불가했다
부서진 무릎 뼈를 이어 붙였던
걸쇠 두 개 사리로 남긴 채
그가 떠난 후
기다렸다는 듯 주차위반 딱지 쏟아졌다
덜그럭덜그럭 늦게 도착한
유서 몇 장

폐선역

의자에 붙박인 듯 앉은 사내가
토사물을 쪼아 먹는
비둘기를 물끄러미 보고 있습니다
이마에서 베어 나온 그늘은
실연의 기미일까요
주인 잃은 역사驛舍는 늙어가고
철길 위로 빈집만 흩날리는데
평행선을 달리던 숱한 풋사랑과
이별을 아쉬워하던 손짓들은 다 어디로 갔을까요
무심한 사내 뒤로
제멋대로 흩뿌리는 매화처럼
무작정 동해남부선에 올랐던 스물 둘을
헤집다 돌아서는데
힐끔 나와 눈 마주친 남자
빈 손바닥으로 먼지 낀 유리창을 훔친 뒤
대합실을 두리번거립니다
한때 소중했을 봄을 태운 기차는
오늘도 오지 않았습니다

불면

집어등 불빛이 새벽 네 시에 걸려 있다

밤배 뒤척이는 소리에 귀가 자란다

잠을 설친다는 친구는 비를 마시고 사막으로 떠났다

사막별은 마법에 걸려 사막에만 살고 낙타는 빗방울
소리를 따라갔다

길 끝 섬은 장막 뒤로 아직도 내리는 비

등대 불빛은 시큼하고

유리창에 비친 오륙도가 밤배처럼 운다

내 그림자가 집어등에 몰려든 새벽을 끌어올리고 있다

묵묵부답

지난 봄, 손 쓸 새 없이 췌장암으로 죽은 친구 사십구재날 대화방에서 소름끼치듯 빠져나가서 땅의 것 다 지우고 떠난 줄 알았는데 여행지에서 찍은 사진 아래 묘비명처럼 적어놓은 한 줄이 여태 남아 있다.

–인생에서 아무 것도 미루지 말라!

죽음까지도 미룰 수 없었던 친구에게 문자를 보낸다

–거기, 살만하냐?

통화권을 벗어났는지 답이 없다

묘책

강구항으로 대게를 먹으러 갔다 찜통에 찌는 동안 주변을 둘러보다가 오징어 가판대 앞에 섰다 맛보기로 잘라 놓은 구운 오징어 토막을 질겅거리며 마른 오징어 값을 물어 본다 열 마리 묶음에 육만 원 칠만 원 스무 마리가 한 축이나 요즘 오징어가 안 잡혀 워낙 비싸 열 마리씩 묶어두었단다 건조대에서 꾸덕꾸덕 말라가는 크고 잘생긴 반 건조 오징어 한 마리는 얼마냐고 물었더니 쥔 아지매 손가락 두 개를 펴 보이며 은밀하게 덧붙이는 말이 참으로 묘책이다

이만 원인데, 다음엔 남의 아저씨하고 같이 오세요

내게 덜 마른 마음이 남아 있나 생각하다가, 이빨에 낀 맛보기 오징어처럼 누군가를 떠올리다가, 찜통 속 대게처럼 붉어지다가, 아무리 생각해도 아지매 말이 묘책은 묘책이어 슬쩍 뒤돌아 흐뭇한 휴일이다

이런 국수

국수 마는 솜씨가 일품이라는
진주가 고향인 친구 집에 갔다

오색 국수 색깔별로 삶아
뜨거운 육수에 하양 노랑 달걀지단
애호박 당근 채 볶음 고명도 모자라
떡하니 육전까지 얹은 국수 한 그릇을 앞에 놓고
나는

구포국수 한 다발 삶아
찬물을 붓고
당원 한 꼬집 넣어
휘휘 저어
마시듯 먹어 치우던
아홉 남매 저녁 끼니가 눈에 밟혀

차린 건 없지만 많이 먹어 라는 채근에
한 젓가락 입으로 가져가는데

천천히 먹어라

친구 말인지 구순 엄마 말인지
어릴 적 불어터진 허기가
면발을 타고 흘러내리는
저녁

폭염

해바라기조차 외면하는
입추
바지랑대도 아닌
나팔꽃 덩굴손 끝에
고추잠자리 삼매에 들어있다
손대면 바스라질 것 같은
무봉無縫의 옷 펼친 채
열반에 들었는지
인기척에도 흔들림이 없는
땡볕 아래
빨간 수도승
한 분

입망立亡

울타리 조팝꽃 그늘아래
등 굽은 노인이 간다
자꾸 땅으로 쏠리는 윗몸을 지탱하느라
왼손은 등에 돌려 보따리를 잡고
오른손으로 노를 젓듯 허공을 헤어간다
몇 발짝 못 가, 천천히
등뼈를 펴 중심을 잡고 선 노인
바닥 가까이 얼굴을 숙여야 했던 이유를 찾으려는 듯
섰다 가라앉는 풍선인형처럼
온몸 구부려 가던 길을 간다, 간다, 가다가
큰 들 너른 논에
서너 고랑 모를 내고 허리 한 번 펴듯
가장 깊은 땅심을 딛고
선 채로 선정에 든
노인이 간다
눈길 낮춘 이곳에 굽은 몸을 두고
간다, 저리로 간다

제2부

상사화

더러, 제풀에 허물어져도
당신 하나로 버티고 선
꽃탑

이브 노래방

늦가을 해가 남은 시각
노래방을 찾은 여자
어둠이 홀로 필요했을까
바바리코트 자락이 수척하다

사랑노래는 다 이별을 부른다고
끝내 사랑을 노래하지 못하던 여자
이별을 통고받은 오후처럼
소매 속에 감춘 손등이 오소소하다

사랑이 끝나도 통점은 남아있듯
놓친 박자는 허공에서 맴돌고
눈먼 자의 노래처럼 가사는 겉도는데
옆방 문틈으로 새어나는 노래도
이별을 예고하고 있다

예방주사 없는 가슴앓이로 그냥 둘 수밖에,
부르지 못한 남자를 노래방에 두고 가는
반주 없는 걸음
열사흘 달빛이 템버린 잔상을
엇박자로 따라간다

얼레지

서면문화로 지하철 9번 출구
바닥을 친 바람이
철 이른 쉬폰 치마를 뒤집는다

복수초 너도바람꽃 노루귀는 무사했는데
방심하는 사이 훅, 보랏빛 너울을
들추고 들어온 눈부신
꽃바람

산죽화분 사이에 앉아 해장하던 노숙인들
뒤집힌 치마 한 번 보고
술 한 잔 하고

봄꽃축제 안내장 날아오르는 거리는
꽃말에 흥건히 취하고

헤저드에 빠진 공

#1

미용실 TV에선 LPGA가 중계되고 있다. 손님은 다섯.

#2

비닐 캡을 뒤집어 쓴 여자 셋, 골프 중계엔 관심이 없고 일일드라마 줄거리로 수다 중이다.

#3

커트를 마친 여자A가 전화기에 욕을 날린다. 통화 중 욕설이 태반인 여자A가 다급하게 미용실을 나간다.

#4

내 머리를 말던 미용사의 말이다. 사십년 동안 별별 손님 다 겪었지만 유독 잊히지 않는 손님이 있었어요. 오늘처럼 하염없이 벚꽃 지는 봄날이었죠. 마감 시간이 다 돼 가는데 긴 생머리 손님이 문을 밀고 들어와서는 머뭇거리기에 가운을 내 주며 파마하시게요? 물었지요. 금방이라도 울음이 터질 듯해 커피를 한 잔 타 주며 한참을 기다려줬는데요. 커피는 마시지도 않고 마음 추슬렀는지 머리 좀 깨끗이 밀어 주세요 하더라고요. 마흔 쯤 된 여자가 거울을 보며 슬쩍 웃는데 마음이 짜안

하대요. 숱도 많고 결도 좋은데 아까워라. 손님, 무슨
사연인지 모르겠으나 오늘은 그냥 가서 하룻밤 자 보고
내일 다시 오세요. 오늘 꼭 자르시려면 다른 데 가시든
지, 머리카락을 이리저리 만지며 시간을 최대한 끌었어
요. 차마 못하겠다고 돌려보내는데 원망인지 안도인지,
바람에 날리는 벚꽃 같은 그녀 눈빛이 이맘때면 꼭 생
각이 나는 거예요.
(벙커 턱에 걸려 세 번째 샷을 하는 TV를 흘깃 보며)
이제 게임 중반인데 벌타 한 두 번이 무슨 대수라고 트
리플 보기로라도 막고 남은 라운드 잘 치면 충분히 만
회하고 운 좋으면 홀인원도 가능하다고 훈수 못한 게
두고두고 후회스럽데요. 지금이라면 근심초 확 밀어 주
고 마음공부 열심히 하라고 등 떠밀었을 테지만

그녀의 공은 몇 번이나 해저드에 빠지고 홀컵을 돌아
나왔을까?
백수 남편 때문에 평생 이 짓을 해야 할 거라고 그래
도 이때가 제일 즐겁다는, 골프공 딤플 같은 미용사의
넋두리가 다음 홀을 준비 한다

비키니 마네킹

저지방 우유에 닭 가슴살을 갈아
한 컵 식사로 아침을 연 미스 한
테이크아웃 블랙커피 잔을 들고 남포동 쇼핑거리
휘황한 유리 상자 속 마네킹에 넋을 뺏긴다

이번 휴가에는 비키니를 입고 말거야

바비 인형 가슴과 엉덩이를 꿈꾸며
다이어트 보조제 한 알로 저녁끼니를 대신하고
24시 헬스클럽에 간다

휴가를 며칠 앞두고 발길 끊어진 미스 한
거식증에 우울증이 겹쳐 목을 맸다는데

44사이즈 블라우스
24인치 스키니 바지
C컵 매직업 브라를 착용하고
지금쯤 바비 나라 해변을 거닐고 있을까

그녀가

한 번도 입어 보지 못한
잘록한 투피스

쇼윈도에서 또 다른 여심을 홀리고 있는
비키니 마네킹

찾습니다

전단지가 사라졌다

마을버스 정류장 유리벽 한쪽
방한모를 쓰고 지팡이를 짚고 있던
사진 속 노인은
한때 광맥을 찾던 젊은 몸을 떠올린 것일까
흙먼지 낀 유리벽 한 곳이
탄가루에 덮인 날을 도려낸 듯 비어 있다

폐광이 된 기억을 캐느라
막다른 갱도에서 길을 뚫고 있는 건 아닐지
탄가루 달라붙은 거울에서 늙은 기침소리가
저녁처럼 쏟아진다

분진粉塵 쌓인 기억은
잘린 자리조차 검고

또렷한 옛길 하나 무작정 걸어갔을
84세 박태환 할아버지
마땅히 배가 고파

함바집 뭉근한 무국 냄새에 지친 걸음 녹였을지

오래된 액자를 떼어낸 자리처럼
바래지 않게 남몰래 가려놓은
길 하나

열쇠수리공의 말

비탈길 쉬어가라고
구청에서 설치한 나무벤치에 앉으면
윤 씨네 집 창문이 마주 보여요

산꼭대기 옥탑방도
햇살 한 줌 들어오지 않는 쪽방도 아니건만
몇 년 동안 찾는 이가 없었다는데
어쩌다 식솔들과 숟가락마저 끊고
동굴 같은 집 걸어 잠그고 살았는지

잠긴 문고리에서
유서처럼 송장냄새가 났죠

침 말라붙은 윤 씨 얼굴 옆에
장례비용이라 적힌 봉투가 상주인양
머리맡을 지키고 있더라고요

나야 잠긴 문을 열어주면 그만이지만
마음 닫고 떠난 사람은 누가 열어주려는지
서너 걸음 옆집까지가
까마득히 멀게 느껴지네요

화상

사라졌다 돌아온 백구
털에 윤기가 없고
군데군데 동전 만하게 속살이 드러나 있다
짖지도 않고 으르렁거리지도 않는다
눈이 마주친 순간
고개를 비틀고 물러선다

괜찮아, 괜찮다니까
어르고 달래며 여름을 났는데
서리 내리고
한 사흘 물도 안 먹더니
지켜보는 이 없이 죽었다

노숙에서 병들어 돌아온
박 씨의 부고를 받은 날이었다

까마귀 조문

중풍 들린 시어머니 마다않고
읍내로 시집 간 막례
수십 년 기저귀 갈아 빤 손 끝, 효부상에
칭송이 자자하더니
시어머니 가시고 이듬해 밭일 하다 쓰러졌다
중풍 수발 대물림해서는 안 된다는 외생각에
서둘러 농약을 마셔버렸다
새들도 하늘 길을 나서지 않는 섣달
상두꾼 언 손 불며 막걸리 잔이 길어질 때
해 짧다 재촉하는 지관을 따라
눈물로 얼어붙은 삼남매 위로하려는지
의관 정제한 까마귀 떼
앞서거니 뒤서거니 상여를 따라간다

김순남 씨

아파트 미화원 순남 씨
샛길에 동그마니 박혀
풀을 뽑고 있다
보도블록 틈새로 고개 내민 잡초를
애저녁에 뿌리 뽑는 중이다
오랜 가뭄에도 살아나는 풀잎이
친정붙이처럼 반가운 나는
그냥 두지 뭐 하러 뽑나 구시렁거리는데
순남 씨 앉은걸음 지나간 바닥
민들레 한 송이 온전히 남아 있다
차마 지워 내지 못한
떫은 첫사랑을 떠올리듯
이따금 멈춰 뒤돌아보는 그녀
행여 꾹 눌러놓은 기억을 들킬세라
자꾸 주위를 둘러본다
매미 소리에 섞여 어디선가
순남 씨를 부르는 소리가 들리는 것 같다

꽃잎 문신

택시에 휴대폰을 흘린 김 씨. 저장된 연락처를 기억할 수 없어 난감할 때 불현듯 전화번호 하나 섬처럼 떠올랐다는데. 그게 하필이면, 평생에 걸쳐 딱 한 번 한눈을 팔았던 여인의 번호였다는 것을 어느 술자리에서 우스개처럼 들려주었는데.

알콜성 치매에 걸린 김 씨, 나이는 물론이고 이름이며 가까운 얼굴까지 몰라보는 지경이 되어서 가끔 병실 유리창에 비치는 소리가 나거나 흐린 창 너머로 봄꽃 흩날릴 때면 꿈결인 듯 웅얼거리는 입속말이 꼭 전화번호 외는 리듬이라는 것이다.

어쩌다 제 이름보다 짙은 사람 하나 새겼으니 그만하면 됐다 싶다가도, 낮밤 없이 병실 천장에 손가락 세워 전화를 거는 모습을 보면 울화통이 터지기도 했다는데, 그래도 저리 환한 얼굴은 처음이라며 식구들 번갈아 그 여인인 척하며 김 씨 곁을 지켰단다.

봄꽃 다 지면 문신 같던 숫자도 지워질까? 아무리 눌러도 수신 없는 밤, 김 씨가 주먹 쥔 손을 귀에 대고 잠

꼬대를 하는데, 그녀와 만날 약속을 잡기라도 하는 것인지, 살그머니 김 씨 꿈속에 들어가 그 봄을 엿듣고 싶었더란다.

기구祈求

콩밭골에서 나고 자라 쌀 두 말도 못 먹고 시집간 귀남 엄마

연년생 남동생 둘을 위해 중학교를 중퇴하고 두 언니 뒤를 이어 나이까지 두 살 올려 공장에 취직한 셋째 딸이

공단 건강검진에서 폐결핵 판정을 받아 귀가 조치되자

오늘은 맘먹고 딸과 함께 천제봉에 올라 산신께 기도를 하는데

자꾸 딴전피우는 딸년 머리를 주먹으로 쥐어박으며 비손을 종용 한다

산을 오르는 동안 큰 소나무며 이끼 낀 바위며 끝물 꽃을 달고 선 늙은 배롱나무에 까지 비는 엄마가 내내 못마땅하던 차에

"이런 거 다 미신이라카이."

"미신이면 우떻노. 없는 집에 비는 일 말고 할 수 있는 기 뭐가 있노."

짝을 지어 다닌다는 저승사자가 집에 아예 눌러 앉았는지

중풍 든 시아버지에, 나뭇짐 지고 오다 언덕에서 굴러 거동 못하는 남편에, 딸년까지

내려오는 길 생각할수록 억장이 무너져 귀남 엄마 말이 없다

무심한 가을볕에 따글따글 곡식 익어가는 논둑에 앉아 다리쉼을 하면서, 참새 떼 들고나며 놀이터 삼은 허수아비를 보며 귀남 엄마 잘 먹이지도 못한 딸 눈치를 살핀다.

"들어 주기만 함사 저 씨잘 데 없는 허세비한테라도 빌고 싶은 심정이다."

못들은 척 일어선 셋째 딸 귀남이, 밥물 올리던 엄마 냄새만큼이나 익숙한 질날늪 먼 물 냄새를 폐부 깊숙이 들이마신다. 마른기침에 엄마가 새나갈까 등 돌린 채 입술을 꾹 깨물고 있다.

일용직 박 씨

소의 피를 익혀 사람 피를 데워주는
역전시장 사계절 원조 선지국
커다란 양은솥 공짜로 주는 국물은 모질게도 뜨거워
시퍼렇게 언 창자 끄트머리까지 데우고도 남는다

막걸리 한 병으로
등뼈 속 스민 한기를 겨우 밀어낸 박씨
아쉬운 입매를 주먹으로 문지르며 국밥집을 나선다

덜 섞인 탁주처럼
눈 밑부터 서둘러 식는
겨울 중턱

눈 비린내가 불쑥 코끝을 스친 것도 같은데

우편환 한 장 보낼 수 없어
오늘 아침에도 곁눈으로 지나쳤던
역전우체국 간판 위로

누적된 빚만큼
별빛이 또렷하다

제3부

4월, 제주

애월 우체국에도

유채 꽃대에도

왕벚꽃에도

弔旗가 걸렸다

미안해요

얽은 돌로 담을 두른
무덤에 기대

제주의 옛 봄을 핥았습니다

그의 사진에는 제목이 없다

– '김영갑 갤러리 두모악'에서

밀밭이다

섯알오름* 언저리
만장도 없이
뒤늦은 장례행렬인 듯

귀 기울이지 않아도
풀벌레 야윈 곡소리 들리는

밀밭에는,

까마귀도 없고

손금 보듯 섬을 헤집은
미친 사랑만 있다

* 서귀포시 대정읍 상모리 4·3유적지

에페스*

이처럼 아름다운 여인과 사랑을 나누고 싶은 사람은 돈을 갖고 창녀촌으로 오시오. 발자국 방향으로 오시되, 이 그림보다 작은 발은 미성년자로 출입을 금하니 바로 옆 셀수스 도서관으로 가시오

장미 꽃잎 목욕을 마친 클레오파트라가
안토니우스와 팔짱을 끼고 걷는 장면을 상상하다가
도서관으로 가는 척 유곽으로 숨어든 이천 년 전 사내의 허리를 그려보다가

세상에서 가장 오래된 매춘 광고판은 닳지도 않지
책을 읽으러 가자, 발자국을 따라, 여자가 읽어주는 동화에 외상은 안 돼

발이 작은 나는 어떻게 하지, 친구야 같이 가자
엄마에겐 공부하러 간다고 하고 한 달 치 용돈을 모으자
터키탕에서 몸을 씻고 크레테스 거리
긴 치마를 허벅지까지 올려 유혹하던 기둥 뒤의 여자에게

화대는 이것뿐이라고,

여자가 웃네

가자, 책을 읽으러
발자국을 따라
뒤꿈치를 들고

* Efes- 터키, 지중해연안의 고대도시 유적지

명사산鳴砂山 거북이

이번 산란여행은
푸른 등껍질이 보호해줄 것이다

모래 위의 걸음은
발을 디딜수록 뭉개지고
발자국은 등 뒤에서 길이 되었다가
바람에 이내 지워지겠지

버섯바위 밑에서 찾아낸
낙타의 정강이뼈가 이정표다

날이 지면
희고 든든한 무릎을 베고
별을 핥아도 좋겠다

밤엔 모래무덤 속에 알을 낳고
아침엔 낙타풀에 맺힌 이슬로 등을 씻자

모래가 신기루의 신음소리를 낸다

살아서 돌아올 수 없다는 타클라마칸
내일 나는
맨발로 다시 걸음을 떼는
거북이가 되어야 한다

타임머신 속으로

기자피라미드 내부, 떠밀리듯
이탈할 수 없는 궤적을 오른다
코끝을 스치는 미라냄새
텅 빈 석관 속, 미라는 어디로 갔을까
물도 바람도 없는 어둠만이 가득한
두아트*로 빨려든다

"당신은 결백합니까?"

심장을 저울에 올려
타조깃털로 무게를 재는 최후의 재판
깃털보다 무거운 심장은 내세의 문 앞에서
쫓겨나 중음을 떠돌게 된다

'死者의 書'는 물음의 시간여행이다
꿈속으로 이어진 시간은 풀리지 않고
붕대를 감은 과거들이 부활하는
미라의 세계

결백한 당신이 말린 시간을 풀고 있다

심장을 꺼내 저울 위에 올려야 할 순간이다

* 두아트 – 이집트 신화 속 죽음의 세계

꽃똥

스위스 해발 이천 미터 산자락에는
꽃풀만 뜯어먹는 알프스 소들이
푸지게 꽃똥을 누고요
범꼬리 목화풀 용담 솜다리 에델바이스가
그 똥을 먹고 자라는데요
소똥 속에서는 아주 작고 이쁜 꽃향기가
무더기로 피어나고요
터질 듯 불은 젖통을 드러낸 소들은
꽃풀 위에 비스듬히 누워
두 눈 가득 만년설을 담고 되새김질을 하지요
그마저 지루해지면 아래턱을 돌리며
늘어지게 하품을 하는데요
그때마다 솜다리 목화풀 꽃내음이 코끝을 간질이지요
간간히 들리는 빙하 무너지는 소리에는
꿈쩍도 않구요 다만
낮고도 깊은 워낭소리로
아이거북벽 흰 이마를 울리는데요
꽃풀의 떨림에 눈 먼 요정
요르레이 요르레잇디
노랫말을 입 안에 굴리며

꽃 멀미하듯 꽃똥 향내만 쫓아가지요
하니요 레이요 릿디리리~
네버엔딩 후렴처럼 흥얼거립니다

사라예보 고양이

파우바라* 뒤에서 기척도 없이
누더기로 감싼 손을 내미는 집시 여인

인종청소 라는
내전이 있었다는데

남편과 아들 생사조차 모르게 되자
폭격으로 무너진 집을 나와 길고양이처럼
총탄자국 골목을 떠돌기 시작했다

눈 돌리면 묘비들이 언덕을 이룬
공동묘지의 시간을 더듬는 낯선 발걸음이
섣달 열 여드렛날 순이 삼촌*처럼 무겁다

지워지지 않는 기억 속
수인囚人처럼 갇힌 고양이의 눈을 본다
죽어서도 감지 못할 것 같은
젖은 눈동자

미나레트*에서 알리는 아잔 소리가

잔설 그늘에 곡哭처럼 고이는 동안
곁을 맴돌던 검은 고양이
가만히 머리를 내리고 기도를 한다

등짐처럼 지고 있던 눈물이
주르르 손끝으로 흘러내린다

---

* 파우바라 – 기도하기 전 옷 밖에 노출된 부위를 깨끗이 씻는 이슬람 사원의 공동우물
* 순이 삼촌 – 제주 4·3사건을 다룬 현기영의 소설
* 미나레트 – 이슬람사원의 특징적 건축물로 하루 다섯 번 기도시간을 알린다

파도에 잠들다

배고픈 갈매기 비린내 한 홀 흘리지 않고
여행객의 빵을 낚아채는 자다르 바닷가
건반이 새겨진 계단에 앉아
들어본 적 없는 파도의 속엣 말을 듣는다

새들이 부리로 노래하듯
제 몸의 결로 음악을 연주하는 바다오르간*
유람선에 놀란 범고래가 깊게 페달을 밟았는지
웅숭깊은 신음을 토해낸다

아드리아해를 내려다보며
오르간 소리에 기대 한뎃잠을 청해보는
안단테 칸타빌레

수평선에 걸린 석양이 화음을 넣을 때마다
깃드는 파도 소리를 조금은 알 것도 같은데

닿지 않는 선율
눈을 감고 악보에 나를 얹는다
조금씩 한 몸으로 녹아드는 음표들

바다가 들려주는 거룩한 비밀

* 바다오르간 – 자다르의 해안산책로를 따라 길이가 다른 파이프들을 75m에 걸쳐 수직으로 바다 속에 박아놓은 조형물

흔들림에 대하여

연분홍 산허리를 얼싸안고
봄이 앞산까지 소문을 거는 중이다

어질 머리 도진 듯 소요대사 탑을 돌아 나오는데
끝물 동백이 빤히 눈뜨고 나를 홀린다

흔들리는 그림자를 끌고 천왕문을 나서자
선 채로 멍든 자목련이 색즉시공 공즉시색 반야심경을 외고

땅찔레가 죽비처럼 와락 발목을 건다
피아골 봄바람 났다

문을 두드리다*

– 정취암

정치전 돌계단 아래
시울 붉은 명자꽃망울 희롱하던 동자승
큰 스님 법문을 흉내 내는데

절문 밖으로 시선을 둔
풍경風磬 한 마리
입에 붙은 예경문 입술로 읊조린다

지신귀명례
보방광명일체중
정취보살마하살

두드려도 열리지 않는 이유를 모르고
닫아두지 않은 저쪽 문만
자꾸만 삐걱대는

* 정취암 詩碑 중 '구문담진적'

노천카페에서

움베르토 거리 대성당 앞에서
동양인 남자를 캐리커처 하는 젊은 화가
이제 막 머리카락의 목탄을 새끼손가락으로 찍어
입가 주름 마무리 음영을 넣는다

모델이 된 남자가 건네는 십 유로는
화가의 한 끼 저녁이 될 수 있을까
딸 아이 피노키오가 될 수 있을까

노천카페 나무의자에 깊숙이 앉자
알아들을 수 없는 언어들이 말문을 연다

시칠리아에서 하루를 보낸다면 타오르미나라고
모파상의 말에 끌려 여기까지 왔다면
작은 천국이라 예찬했던 괴테가 서운할지도 모르지

클림트는 잉크색 바다가 보이는 테라스에서
연인과 키스라도 했던 것일까

벨리니는 절벽 위에 세워진 그리스극장

부서지다 남은 돌기둥에 기대
아드리아 해풍을 가슴으로 맞는 몽유병 여인을 보았을까

타오르미나 노천카페에 앉아
화가를 캐리커처 한다
목탄을 든 채 화가 뒤에 서 있는, 아는 이름들과
모르는 얼굴들을 차례로 불러보는
움베르토 대성당 앞

철암역을 지나며

오래 전 내린 눈이 녹기도 전에
차창 밖으로 진눈깨비 흩날린다
거뭇하게 산중턱에 박혀있는 슬레이트 지붕들

저 검은 저탄장을 놀이터로 탄광촌을 누볐던 남자애들과
도화지에 까만 강물을 그렸다는 여자애는
어디서 무얼 하고 있을까

진폐증으로 광부 일을 그만두고도
판잣집을 떠나지 못한 사내들은
돌가루처럼 가라앉는 눈을 맞으며
시장통 허름한 주점 삭은 주모 곁에서
막걸리 한사발로 천식을 달래며 늙어가겠지

막장보다 무거운 적막이 감도는 검은 역사
거스른 시간을 돌려 세우려는 듯
검은 탄광 속에서
짧게 기적이 울릴 때마다
혼곤한 땀 냄새가 코끝에서 검다

뻔뻔한 기도

사천왕이 아수라를 밟고 중생의 죄를 벌하고 있다

정치가의 목을 조르고, 성희롱한 상사의 손목을 자르고, 사기꾼의 혀를 뽑고, 어린 자녀를 버리고 애인과 잠적한 사내를 돌로 쳐 죽이는데

그 형상 앞에 서니
몰래 지은 죄도 토설하게 된다

법당에 가
한참을 엎드려 빌고 나서
절문을 나오는데

문간의 신장들, 비파에 탑까지 들고 부라린 눈에 웃음기를 머금은 것이 금방이라도 죄인들을 방면할 듯하다

법당 바닥에 닿아 눌린 팔꿈치와 무릎을 본 것인지
내 뻔뻔한 기도를 들어준 것인지, 어쨌거나

내가 가벼워진 만큼
절이 무거워졌겠다

자작나무에 들다

크고 작은 상처 몇 개쯤
너나없이 가졌다는 듯
한여름 햇살 속에 천연스레 드러내놓고
속마음까지 보여 주었네
벌거벗은 위로에 여몄던 가슴을 열고 무작정
흰 늪으로 빠져 들었네
누군가 자꾸 등을 떠밀어
몇 발자국마다 뒤를 돌아보아야 했네
그 때마다 전생의 얼굴을 한 혼백들이
낯선 침묵 속에 도열해 있었네
우듬지에서 날아오르는 박새의 날갯짓에
놀란 가슴을 쓸어내려야 했네
시간보다 이른 어둠이 내리자, 수런거리는 정령들
명주 수의를 걸친 채
생애 마지막 기침을 쏟아내듯
이파리를 떨고 있었네
환영처럼 문득
폭설 속에 서 있는 벗은 자작나무를 보았네
원대리 자작나무 숲에서
내 죽음의 방식을 보겠네

제4부

노랑

배달된 장미 한 다발

눈길조차 안 주다가
뒤늦게 유리병에 꽂았는데

탁자 위로 시든 꽃잎 수북하고
줄기 밑동에서 시취가 난다

썩는구나, 사랑처럼

어떤 이름에서 너무 멀리 왔다

운문사 목승 木僧

저녁 예불 알리는 범종소리에
퍽!
홍시 한 알 떨어졌다

비구니 독경에 합장하듯
제 몸을 내려놓는
노거수

부처보다 더 종교 같다

후생後生에 오르다

맑은 소리를 찾으려고

밤마다 굳어있는 지느러미를 풀던

돌 물고기 한 마리

아가미에서 만어사萬魚寺 너덜겅 종소리가 난다

이번 생은 여기까지다

달팽이 생각

이승에서의 마지막 외출이다

향나무 맑은 물에 몸을 씻기고
머리를 빗기고
손톱발톱 깎아 주머니에 넣어두고
버선을 신긴 다음
겉옷 속에 미리 넣어둔 몇 겹의 옷을 입힌다
황천黃泉 뱃사공에게 건네 줄
동전 한 닢과 함께
먼 길 요기나 하라고
물에 불린 쌀을 버드나무 숟가락으로
입 속에 밀어 넣는다
삶과 죽음이 거울 보듯 비추고 있어서일까
옷을 다 입히고 옷고름을 매는데
그 방향이 반대다
신들이 하던 일 잠시 멈추고
바캉스 떠난다는 윤달에
한 땀 한 땀 지어 놓은
망자의 옷을 모두 입히고
붉은 공단에 모란과 나비를 수놓은

꽃신을 신기는데
시신의 적막이 하도 완강해서
잘 가시오 입 안에서만 맴돌 뿐
누구도 무슨 말을 걸 수 없었다

열여덟에 시집 와서
구순의 남양 홍 씨 부인
땅으로 시집가는 날이다

사임당 팬티

이번 추석에도 얼굴 못 본 게 서운했는지
시골 노모가 택배를 보냈다
고구마 위 검정비닐봉지를 풀자
앞뒤로 오만 원 짜리 지폐가 그려진
트렁크 팬티 두 장이 들어있었다
몇 번의 부도로 뵐 낯이 없는 나도 자식이라고
부적처럼 챙겨 입으라며
축협 달력 뒷면에 눌러 쓴 편지를 한참 읽었다
파장 무렵 오일장에서 남몰래 샀을 팬티
아내 몰래 어머니를 입고 집을 나선다
좋은 날이 올 거라는 듯
쭉정이 같은 엉덩짝을 토닥여주는 어머니
앞에도 오만 원 뒤에도 오만 원
닳을까 구겨질까 조심조심
세상에서 제일 값진
엄마의 돈 팬티

덧칠

젊어 남편을 바다에 묻고
색을 지운 여자

수십 년 만에, 팔순잔치 화장을 한다

바르고 두드려도
달라붙지 않는 색깔들

짠바람 아문 자리
드문드문
나이가 겉돈다

검버섯 환하게 웃으신다

놋요강

친정집 마루 밑에 버려진 놋요강
병든 어미 목욕시키듯 닦았더니
암팡진 엉덩이가 되살아난다

서리 내린 아침
마루 끝에 놓인 요강을 부시면
비밀처럼 담겨있던 엄마의 개짐

한밤중 소피보는 소리 가라앉듯
엄마는 혼자 말라갔다

엄마의 몸을 고스란히 받아내던 놋요강
석류나무에 널려 노을처럼 눈이 부시다

시집올 때 쌀을 담아왔다는 놋요강
둥근 엉덩이를 실룩거린다

소피를 끝낸 엄마가 시원하게 웃는다

시계 속으로

반쯤 열린 사립을 밀고 마당에 들어선다
지켜야 할 약속도 없이 찾은 옛집
벽에 붙은 시계가 나를 맞는다
깨진 틀 안 춘자 언니가 멈춘 새벽
네 시의 시침이 부엌 방향이다
아궁이에 타지 않은 초침소리가 수북하다
시커멓게 입을 벌리고 죽은
뒤란 석류나무 곁에서
분침처럼 떨어져 나간 언니
가라, 가라, 등을 떠민다
막차 시간 확인하는 발치에
목숨 수字 흘려 써진
이빨 빠진 사발 하나
빈 식구처럼 눈에 밟힌다

문신

그녀 어깨 위
반쯤
날개를 펼친 나비 한 마리

탈출의 몸짓일까

생살에 새긴
비문을 두드리면
밤이슬 털고
펄럭 날아오를 것만 같은데

뒤꿈치를 들어도 보이지 않던 먼 남쪽
참깨꽃 하얀 고향까지

날.고.싶.어

유리로 만든 방, 홍등 아래에서
수천 번을 떨었을
작은주홍부전나비

더듬이부터 꿈틀거린다
입모양으로 말을 하는 그녀의
떨림을 느꼈는지
날개를 접은 채 홍등 위로 날아오른다

풍선인형

올해 들어 세 번째 간판이 바뀌는
대패삼겹살집 개업 날
중고 인형을 빌려왔는지
오픈 전부터 춤사위가 위태롭다

여기저기 반창고를 붙이고
고개를 기울인 채
돌고 또 돌아도
한물간 코미디처럼
어느 눈길도 붙들지 못한다

종일 바람으로 버틴 하루
신에게 다가가려는
무아지경 콘야 수도승
땀 젖은 바닥에 주저앉으며
마지막 손을 흔든다

칼파타루스*

잘 했어, 예쁘다, 파이팅, 고맙다, 그랬구나, 수고했어, 떠들어도 돼, 사랑해, 재능 있네, 미안해, 밥 먹었니?, 힘 내, 숙제 없어, 괜찮아!

이런 말 몇 번이나 해 보았을까
이런 말 들어는 보았을까

누군가 오래 아껴두었던
저 뜨거운 소원들

* 인도 우화 속 소원 들어주는 나무

감쪽같이

베란다 청소하다
천리향 큰 가지를 부러뜨렸다
몇 년 전 이사 선물로 친구가 준 화분
초라해진 수형이 안쓰러워
허둥지둥 누런 포장테이프로 동여맸다

일주일 후 물을 주다보니
붙여 둔 가지가 다행히 시들지 않아
붕대 풀 듯 조심스레 테이프를 뜯어냈다

부목도 대지 않았는데
제힘으로 버틴
향기

십년 째 별거 중인 친구 부부가
딸 아이 결혼식에 나란히 앉아 있다

짙은 화장에도 숨길 수 없는 상흔이
테이프 끈끈이 자국처럼 묻어나는
무향無香의 얼굴

향기를 잃은 채 혼주석에 머문 가지를
천리향처럼 감쪽같이 봉합할
묘약은 어디 없을까

꿈꾸는 사람*

뒷모습은 내가 아니다
열아홉 앞모습은 거울이 아니다

비석에서 중절모를 도려낸 신사가
표정 없는 겨울비처럼
회색도시로 추락한다

비둘기는 새가 아니다
우편배달부도 아니다

리본은 찬바람을 막을 수 없고
바람은 어둠을 밝히지 못한다

이것은 사과가 아니다*

관 속의 남자가 방금 사과꽃을 피웠다

---

* 르네 마그리트의 그림

에피소드

집으로 가는 24번 버스에 앉아 이기대 입구를 지날 때였어요

운전석 바로 뒤 이어폰을 꽂은 청년이 갑자기 소리 내어 노래를 부르대요

참을 만 해요 괜찮아요 힘들면 좀 어때요, 사랑 참 힘드네요

처음엔 키키거리던 여남은 승객들, 노래가 끝날 때까지 조용히 감상을 하대요

뒤늦게 눈치 챈 청년, 잡히지 않는 사랑을 버스에 남겨두고 서둘러 내렸고요

정말로 참는 게 더 쉬웠을까요

귀밑까지 빨개지도록 시리게 부르던, 사랑

참 힘드네요. 사랑 참!

나에게 가는 길

제일 먼저 수평선을 지우고
수평선에 걸려 오도 가도 못하던 섬들을 지우고
물보라도 지우고
오륙도 돌아가는 연락선을 지우고
등대마저 지우고
바다를 통째로 지우더니
하늘을 지우고
저물어가는 해를 지우고
사차선 해안도로를 지우고
신호등을, 횡단보도를 지우고
자동차 헤드라이트를 지우고
편의점 앞 커피자판기를 지우고
사랑부동산을 지우고
꽃물 오르는 벚나무 숨통을 누르고
생살 돋는 팔손이 손가락을 자르고
멋모르고 입술 여는 동백꽃처럼
버스정류장에서 만났던 남학생 이름이 떠오르고
노랑각시붓꽃은 꽃 없이도 바위틈에 향기를 내리고
늙은 참나무 연연두 새잎을 두 서넛 가지 끝에 내어
걸고

드라마 속 주인공이 죽을힘을 다해
마지막 고백을 하듯
지우지 못한 것들 꺼내지 못한 것들 틈에서
오래전 나를 찾아가는,

해 설

몸을 탄주하여 공空의 세계를 찾다

최은묵 시인

사물과 언어가 만나 일으키는 울림을 시라 한다면, 시인의 몸은 그 자체로 하나의 악기다. 제 몸을 울림통 삼아 공명共鳴을 만드는 동안 시인은 눈에 보이지 않는 세계의 떨림을 담담히 받아들인다. 세상의 모든 것이 다만 거쳐 가도록, 밀어내는 소리와 끌어당기는 소리를 섞어 자신의 몸을 탄주彈奏하는 일이 시인의 역할이다. 이때 탄주의 대상은 시인마다 다를 것이다. 시는 떨림을 울림의 영역으로 옮기는 일이다. 최선희 시인의 시집『꽃똥』은 시적 대상을 사람에게 집중한다. 사람의 몸으로 사람의 소리를 부른다는 건 현상 안쪽의 속말을 더듬는 과정이어서 시적 대상과 교합하지 못하면 쉽게 다가갈 수 없다. 발현撥絃과 농음弄音의 탄현악기처럼 자신의 몸을 튕기고 누르는 동안 스스로 공명하는 최선희 시인의 언어는 그래서 깊다.

『꽃똥』은 삶의 그늘에서 건져 올린 소리들이다. "그리지 않아 그늘진 자리가 쉽다"(「누드 드로잉」)는 말은

습한 시간 밑바닥의 삶을 더듬었을 시인의 세계를 증언한다. 소외되고 멀어진 사람들에게 곁을 준다는 것, 삶의 편린에서 근원적 물음을 제시하는 것, 이런 시작詩作은 최신희 시인이 보여주고자 하는 시세계의 방향을 너넉히 감지할 수 있게 해준다. 『꽃똥』의 미학은 타자를 통해 자아를 이해하고 그것이 하나의 가치로 전환될 때 형성되는 떨림을 뿌리로 두고 있으며, 자칫 사소하게 지나칠 수 있는 주변을 호명했다는 점에 의미를 부여해도 좋을 것이다. 서정에 근간을 두고 삶을 관조하는 시선은 최선희 시인의 강점이다. 흐르는 삶에서 묵직한 소리를 들을 수 있다는 건 이미 시인이 동질의 소리를 낼 수 있는 울림통을 가졌다는 반증이다. 이처럼 몸을 부려 내는 소리는 여음餘音이 짙다. 어디를 튕기고 어디를 눌러야 "혼까지 탈색"(「흰」)시킬 수 있는 사람의 소리를 만날 수 있는지, "낮은 음에 올라선"(「흰」) 시인은 이미 알고 있지 않을까.

울타리 조팝꽃 그늘아래
등 굽은 노인이 간다
자꾸 땅으로 쏠리는 윗몸을 지탱하느라
왼손은 등에 돌려 보따리를 잡고
오른손으로 노를 젓듯 허공을 헤어간다
몇 발짝 못 가, 천천히
등뼈를 펴 중심을 잡고 선 노인
바닥 가까이 얼굴을 숙여야 했던 이유를 찾으려는 듯
섰다 가라앉는 풍선인형처럼
온몸 구부려 가던 길을 간다, 간다, 가다가

큰 들 너른 논에
서너 고랑 모를 내고 허리 한 번 펴듯
가장 깊은 땅심을 딛고
선 채로 선정에 든
노인이 간다
눈길 낮춘 이곳에 굽은 몸을 두고
간다, 저리로 간다

-「입망立亡」 전문

좌탈입망坐脫立亡은 불교에서 수행을 오래한 선승의 이상적인 죽음을 상징하는 말로, 좌탈은 앉은 채로 입적하는 것이며 입망은 선 채로 입적하는 것을 말한다. 위 시에서 “노인”의 죽음은 비극적이지 않고 담담하다. 이런 이유는 불교에서 죽음을 번뇌가 사라지는 적멸寂滅의 순간인 동시에 법신法身이 탄생하는 순간으로 보는 까닭이다.

“왼손은 등에 돌려 보따리를 잡고/ 오른손으로 노를 젓듯 허공을 헤어”가는 고단한 속세의 삶은 수행의 끝점에 이른 사람에게도 다르지 않다. 시인은 이런 수행의 과정을 “간다”라고 말한다. 곳곳에서 굵직한 무게로 자리 잡고 있는 “간다”라는 말은 ‘수행’에서 ‘열반’으로 연결되는 이미지를 함축해서 묘사한다. 마치 노인이 힘든 걸음을 떼듯 “간다”가 위치한 포지션의 호흡은 길고 묵직하다. 짧은 동사 뒤의 긴 호흡은 이 시의 잔상을 지속시키는 힘이 된다. 이런 잔상에 겹친 이미지들. 그러니까 “서너 고랑 모를 내고 허리 한 번 펴듯”이 속세의

연을 상징하는 문장이라면, "바닥 가까이 얼굴을 숙여야 했던 이유를 찾으려는 듯"은 수행의 과정을 내포하고 있다. 또한 "간다"와 더불어 "굽은 등"이 단순히 육체적 현상을 의미하는데 그치지 않고 '낮아짐'이라는 오랜 수행의 흔적을 내포하고 있다는 사실도 놓칠 수 없는 부분이다. "눈길 낮춘 이곳"과 저곳의 경계에서 생긴 떨림은 고요하고 깊다. 짧은 순간 스친 "노인"의 미세한 진동에서 열반을 발견한 시인의 눈매는 다른 시편에서도 만날 수 있는데, 시집 『꽃똥』에서 다룬 여러 죽음이 '끝'에 머물지 않고 '너머'의 세계를 다뤘다는 점이나 종교적 색을 입혔다는 점은 시인의 시세계를 엿보는데 있어 의미 있게 짚어야 할 부분이라 할 수 있다.

맑은 소리를 찾으려고

밤마다 굳어있는 지느러미를 풀던

돌 물고기 한 마리

아가미에서 만어사萬魚寺 너덜겅 종소리가 난다

이번 생은 여기까지다

-「후생後生에 오르다」 전문

시인의 종교적 사상은 '너머'의 세계를 함유한다. "돌 물고기"가 찾으려던 "맑은 소리"는 결국 해탈이었을 것이다. '물'이 아니라 '소리'를 얻고자 했던 물고기는 '이곳'에 집착하지 않고 '저곳'의 가치를 염두에 둔 시인의 사상을 투영하고 있다. 제 몸을 부딪쳐 소리를 내는 풍경風磬처럼 크고 작은 돌로 변한 물고기 떼의 간절함 역시 수행하는 삶을 대변해준다. 몸에서 내는 소리는 곧 마음의 소리다. "이번 생"에서 "만어사"의 설법을 깨달았다면 다음 생에서 "돌 물고기"는 어떤 모습으로 환생할까?

시는 현상을 통해 울림을 느끼게 한다. 짧은 몇 행에서 보여준 작은 소리 뒤에 크기를 알 수 없는 커다란 진동을 포진하는 능력은 결코 쉽지 않다. 최선희 시인이 보여준 이미지 뒤의 이미지는 여백을 넘어 공空에 이르고자 하는 불교의 교리에 맞닿아 있다. 다시 말해 만어사 돌처럼 자신을 비워 맑은 소리를 얻는 과정이 수행이며 최선희 시인에게 시는 수행의 과정 중 하나인 셈이다.

저녁 예불 알리는 범종소리에
퍽!
홍시 한 알 떨어졌다

비구니 독경에 합장하듯
제 몸을 내려놓는
노거수

부처보다 더 종교 같다

-「운문사 목승木僧」 전문

가치에 다가가는 일은 수월하지 않다. 그걸 방해하는 큰 요소는 욕심이다. 자신을 채우려드는 마음을 비우고 버린다는 건 온전히 스스로를 내려놓는 일일 것이다.

한 편의 짧은 시로 종교를 관통할 수 있다면 그것은 가치에 이르렀다고 단언할 수 있다. 주변에서 흔히 볼 수 있는 감나무를 "목승"으로 비유한 것이 평면적 시선이었다면, 감나무가 "홍시"를 떨어뜨리는 행위를 "제 몸을 내려놓는" 종교적 행위에 비유한 것은 입체적 시선이다. 앞에서 언급했던 「입망立亡」의 "노인"이나, 이 시에서 "노거수"는 표면적인 이미지만 다를 뿐 내면이 지닌 수행의 이미지는 크게 다르지 않다. 결국 시인이 지향하는 가치는 육체적이지 않고 정신적인 영역에 더 비중을 두고 있다는 사실이다.

시인이 시집에서 보여준 숱한 진술을 살펴보면, 평온한 마음으로 깨달음을 얻어 경지에 도달하는 선禪의 방법 중 하나가 시를 쓰는 행위이며, 구체적으로는 자아와 타자를 어우르는 포괄적 울림을 추구하고 있음을 익히 짐작할 수 있다. 그럼에도 불구하고 선禪에 이르는 길은 여전히 고행이다.

> 집어등 불빛이 새벽 네 시에 걸려 있다
>
> 밤배 뒤척이는 소리에 귀가 자란다
>
> 잠을 설친다는 친구는 비를 마시고 사막으로 떠났다

사막별은 마법에 걸려 사막에만 살고 낙타는 빗방울 소리를 따라갔다

길 끝 검은 장막 뒤로 아직도 내리는 비

등대 불빛은 시큼하고

유리창에 비친 오륙도가 밤배처럼 운다

내 그림자가 집어등에 몰려든 새벽을 끌어올리고 있다

-「불면」 전문

자신의 몸을 튕겨 연주하기 위해서는 세상의 소리를 몸으로 받아들일 줄 알아야 한다. 최선희 시인이 만난 "새벽 네 시"의 소리는 "만어사 돌 물고기"가 지닌 소리와 닮아 있다. 새벽은 잠든 세상과 깨어난 세상의 사이다. 즉, 육과 영의 간극에서 갈등하고 있는 시인의 내면을 충족하는 상징이다. 이때 '불면'은 선禪에 이르지 못한 수행의 과정이며 "밤배 뒤척이는 소리"는 번뇌의 흔적인 셈이다. 물론 나의 이데아와 타인의 이데아는 동질일 수 없다. "친구"는 통합된 타자의 이미지이며 "사막"은 극대화된 현실의 갈등을 의미한다. 끝없는 번민을 형상화시키기 위해 시인이 선택한 대상은 "새벽"이다. 밤도 아니고 아침도 아닌, 어둠도 아니고 밝음도 아닌 영역은 '사막'과 '바다'라는 대칭적 장면과도 일치한다. 그렇다고 '사막'과 '바다' 중에서 어느 곳이 아침이

고 저녁인지 단정 지을 순 없지만 분명한 건 두 이미지 모두 갈등의 구체적 대상으로 치환되었다는 점이다. "새벽" 이후의 시간이 아침이라는 기대는 보편적 가치다. 그러나 시인에게 아침은 '너머'의 세계다. 최선희 시인이 지속적으로 너머의 세계를 제시하고 있는 까닭은 어떤 울림이 그 세계에 가닿을 수 있는지 체득하려는 몸짓은 아니었을까?

그러니 이쯤에서 시인이 몸으로 내는 울림의 구체적 현상은 무엇인지, 또 시인이 어디쯤에서 시적 발상을 찾아내는지 조금 세밀하게 접근해보기로 하자.

골목 끝 대문도 없는 막다른 집
나지막한 흙담에 올라
입술이 꺼매지도록 우리는 오디를 따 먹었다
어른 엄지만 한 오디는
아이 서넛 배부를 만큼 넉넉했지만
해는 길고 돌아서면 또 배가 고팠다
그런 날은 빈집 기둥에 못 박힌 탁상용 시계가
유난히 크게 울었다
몇 번의 허물을 벗으며
나는 더 이상 키가 자라지 않았고
우리는 누에나방처럼 흩어졌다
어떤 유년은 날아가지 않고 머물지
까만색 골목 꿈은 사라졌지만
골목에 내려앉은 뽕잎이
탁상시계 소리를 뱉을 때마다
시치미를 떼도 울컥 허기가 돋는 오후
그물에 걸린 바람을 헤집듯 뒤돌아보는
오디의 계절

- 「그물에 걸려든 바람처럼」 전문

서정은 내면에서 밀어내는 힘과 외부에서 끌어당기는 힘이 충돌할 때 울림을 일으킨다. 그중 경험은 사유를 이끌어내는 중요한 요소이다. 「그물에 걸려든 바람처럼」은 "해는 길고 돌아서면 또 배가 고팠"던 화자의 유년을 배경으로 한다. 이때 "우리"는 아직 울림통을 갖추지 못했지만 비슷한 음역을 이루고 있는 또래다. "오디"와 "탁상시계"는 구체적으로 옛 기억을 소환한다. 이런 사물이 지닌 소리는 시인의 몸을 거치면서 새로운 음색으로 탄생한다. 그러나 현실에서 오디가 익는 계절은 분명 밝고 활기찬데 시인이 간직한 "오디의 계절"은 여전히 "날아가지 않고 머"무는 시기일 뿐이다. 소환된 기억에서 비명과 신음은 군더더기다. 시인은 어떤 소리를 밀어내고 어떤 소리를 잘라내야 하는지 잘 알고 있다. 거기쯤, 그러니까 소리의 마디가 생긴 자리가 바로 시가 힘을 갖는 장소다. 마음을 오래 들여다보지 않으면 들을 수 없는 "그물에 걸린 바람"이나 "시치미를 떼도 울컥 허기가 돋는 오후" 같은 소리는 아무 때나 얻을 수 있는 값이 아니다. 이처럼 작고 낮은 곳을 더듬어 소리를 꺼낼 줄 안다는 건 시인의 몸이 이미 커다란 울림통을 지닌 악기가 되었다는 것을 보여준다.

이렇게 '나'로부터 출발한 서정은 「이런 국수」나 「화상」, 「놋요강」 등에서도 만날 수 있다. 하지만 최선희 시인은 나에게서 머무는 것이 아니라 주변을 어우르며 함유하길 주저하지 않는다.

그너 어께 위
반쯤
날개를 펼친 나비 한 마리

탈출의 몸짓일까

생살에 새긴
비문을 두드리면
밤이슬 털고
펄럭 날아오를 것만 같은데

뒤꿈치를 들어도 보이지 않던 먼 남쪽
참깨꽃 하얀 고향까지

날 고 싶 어

유리로 만든 빙, 홍등 아래에서
수천 번을 떨었을
작은주홍부전나비

더듬이부터 꿈틀거린다
입모양으로 말을 하는 그녀의
떨림을 느꼈는지
날개를 접은 채 홍등 위로 날아오른다

-「문신」 전문

타자의 삶에서 만난 울림은 객관적이다. 시인은 홍등가 "그녀 어깨 위/ 반쯤/ 날개를 펼친 나비 한 마리"

가 뱉어내는 속말을 놓치지 않는다. "반쯤"은 「불면」에서 보여준 "새벽"과 비슷한 이미지이며 여전히 '이곳'과 '저곳'의 사이를 보여준다. 몸과 마음이 분리된 자리를 채운 "작은주홍부전나비"는 명징한 갈망을 상징한다. 날고 싶지만 날 수 없는, "뒤꿈치를 들어도 보이지 않"는 "참깨꽃 하얀 고향"은 회귀가 아니라 완성일지도 모른다. 그렇다면 완성은 무엇일까?

시인이 보여준 이미지는 복합적이다. "홍등 아래에서"는 펼치지 못하는, 날개 이면에 깔린 '죽음'의 이미지는 아이러니하게 '자유'를 동반한다. 하지만 현실과 이상의 괴리에서 그녀가 겨우 할 수 있는 건 꿈틀거리는 것뿐, "생살에 새긴/ 비문"은 달라지지 않는다.

사회적 약자의 소리는 파열음에 가까울 것이다. 그럼에도 시인은 "그녀"가 내는 소리를 흘려보내지 않는다. 어쩌면 "오디의 계절"처럼, "오래된 액자를 떼어낸 자리처럼" 짙은 자국이 내는 소리로 온몸을 채우고자 더 많이 주변을 둘러보고 있는지도 모른다. 이렇게 시인은 "등굽은 노인"의 삶을 몸소 행동으로 옮긴다. 몸을 굽혀 바닥을 바라본다는 건 비우는 일이다. 나를 비워 타인을 채운 공간에서 발생하는 울림은 깊다. 그런 깊은 곳에서 꺼낸, "잘린 자리조차 검"은 소리를 다른 시편에서 만나보기로 하자.

애월 우체국에도

유채 꽃대에도

왕벚꽃에도

弔旗가 걸렸다

- 「4월, 제주」 전문

겉으로 보이는 제주의 봄은 "애월"과 "유채"와 "왕벚꽃" 이 세 가지만으로도 표현하기에 충분하다. 그러나 오래 숨겨졌던 제주의 4월은 여전히 아픔이다. 그해 봄을 덮은 총성과 비명이 지금도 섬 곳곳에서 맴돌고 있는데, 결코 과거가 아닌 이야기에 무슨 덧말을 더 붙일 수 있을까?

시인은 숱한 말을 안으로 삼킨 채 제주의 봄에 조기弔旗를 건다. 소리 내지 않고 펄럭이는 봄의 비명 앞에서 시인은 섬이었을까? 아니면 깃발이었을까?

시인이 호흡을 멈춘 문장과 문장 사이, 함축된 상징은 더욱 무겁고 체화된 이미지는 선명하다. 물리적 주변이 아니라 상징적 주변까지 아우르는 시인의 걸음은 「4월, 제주」와 연결되는 시 「미안해요」를 통해서 잔잔하게 느낄 수 있다.

얽은 돌로 담을 두른
무덤에 기대

제주의 옛 봄을 핥았습니다

- 「미안해요」 전문

앞의 시 「4월, 제주」에서 화자가 얼마간 관조의 입장이었다면, 「미안해요」는 적극적인 몸짓을 취한다. 돌담 틈에 오롯이 간직되었을 봄의 비명을 훑음으로써 역사를 받아들이는 시인에게 제주의 봄은 과거였지만 결코 과거가 아니었을 것이다. 그래서 돌담을 지나는 바람에 귀 기울이던 시인은 비명이 또렷한 제주에서 또 하나의 돌로 무덤 곁에 자리한다. 이런 먹먹한 고백은 “섯알오름”이나 “섣달 열 여드렛날 순이 삼촌”처럼 수많은 흔적들을 통해 만날 수 있는데, 보이는 현상에 머무르지 않고 직접 몸을 관통하여 나온 언어야말로 최선희 시인의 시편을 이루는 뼈대라고 할 수 있지 않을까.

시집 『꽃똥』은 자아와 타자, 해학과 풍자, 삶과 죽음의 질문 등을 다양한 방식으로 제시하고 있다. 그래서 서정에 얹은 시인의 목소리를 따라 읊조리는 과정이 지루할 틈이 없다. 앞에서 다룬 시편 외에도 “부르지 못한 남자를 노래방에 두고 가는/ 반주 없는 걸음”(「이브 노래방」)이나, “귀밑까지 빨개지도록 시리게 부르던, 사랑”(「에피소드」)이나, “한때 뭇 수컷의 휘파람을 휘감던 / 핑크색 꼬리”(「나도 모르게 흔들리고 있었다」)처럼 터치가 가벼운 시편부터, 「사라예보 고양이」, 「파도에 잠들다」, 「에페스」 등 타국의 정취까지, 배경은 다르지만 분명한 건 최선희 시인이 보여주는 시세계의 중심에는 사람이 있다는 사실이다.

세상에서 가장 오래된 매춘 광고판은 닳지도 않지
책을 읽으러 가자, 발자국을 따라, 여자가 읽어주는 동화에 이상은 안 돼

발이 작은 나는 어떻게 하지, 친구야 같이 가자
엄마에겐 공부하러 간다고 하고 한 달 치 용돈을 모으자
터키탕에서 몸을 씻고 크레테스 거리
긴 치마를 허벅지까지 올려 유혹하던 기둥 뒤의 여자에게
화대는 이것뿐이라고,

여자가 웃네

가자, 책을 읽으러
발자국을 따라
뒤꿈치를 들고

「에페스」 부분

「에페스」는 최선희 시인의 다음 시집이 어떤 형식을 취할지 미리 예측해볼 수 있는 작품이라고 할 수 있다. 첫 시집 『콩잎 여자』에서 이야기 시가 주를 이루었다면, 두 번째 시집 『꽃똥』은 이야기 시를 줄이고 서정의 보폭을 섞은 산문시의 형식을 가미했다. 대부분의 시편들이 서정에 근간을 두고 있다면 일부 몇몇 작품은 서정의 비율을 줄이고 모던한 형식을 꾀하고 있는데, 그중 하나가 「에페스」다.

터키 에페스 셀수스 도서관 앞 대리석 바닥 한 곳에

는 여인과 발바닥과 하트 모양과 화살표가 그려져 있다. 이 그림은 세계 최초의 광고판으로 알려졌으며 유곽을 안내하는데, 흥미로운 점은 대리석에 그려진 발자국보다 발이 작은 미성년자는 오지 말라고 했다는 점이다. 시적 상상력은 이 지점에서 시작된다. 인간의 욕망과 호기심을 건드리는 고대 광고판을 만나는 순간 시인은 시공간을 이동하여 상상을 펼친다. '도서관'과 '윤락가' 그리고 '책'과 '여자'의 아슬아슬한 대치를 통해 '호기심'을 당겼다 늘렸다 하는 어법은 흥미롭다. 굳이 배경을 설명하지 않아도 이 지역의 이야기를 알고 있는 사람이라면 "발이 작은" 화자가 "책을 읽으러 가자"고 하는 말이 불러일으키는 중의적 상상력에 고개를 끄덕일 것이다.

잘 했어, 예쁘다, 파이팅, 고맙다, 그랬구나, 수고했어, 떠들어도 돼, 사랑해, 재능 있네, 미안해, 밥 먹었니?, 힘 내, 숙제 없어, 괜찮아!

이런 말 몇 번이나 해 보았을까
이런 말 들어는 보았을까

누군가 오래 아껴두었던
저 뜨거운 소원들

-「칼파타루스」 전문

사유는 현상 너머에서 만나는 이미지다. 「칼파타루스」는 인도에서 소원을 빌면 즉시 이루어진다는 전설의

나무다. 이는 마음에 품은대로 된다는 인간의 자유의지를 상징한다. 인간의 마음은 긍정과 부정의 마음이 수시로 교차한다. 그러나 시인은 전설을 전설로 전달하는 것이 아니라 재해석하여 "소원"을 "누군가 오래 아껴두었던" 마음이라 고백한다. 이것이야말로 시인이 추구하는 시세계의 본모습이 아닐까? 위로와 나눔을 베이스로 해탈의 경지에 이르는 부처의 모습을 닮고자 하는 마음이 내는 소리가 바로 「칼파타루스」의 첫 행에서 나열한 말일 것이다.

사람은 익힌 소리로 말을 한다. 입력된 언어가 출력되기까지 시인의 몸은 소리를 담는 악기이다. 이제 어떤 소리를 연주할 것인가는 각자 선택해야 한다. 최선희 시인이 제시한 긍정의 에너지는 "이제는 퇴화해 흔적만 남은 자리"(「나도 모르게 흔들리고 있었다」)를 향하고자 한다. 이런 에너지는 "부목도 대지 않았는데/ 제 힘으로 버틴/ 향기"(「감쪽같이」)처럼 스스로 치유할 수 있는 힘을 갖게 할 것이다.

스위스 해발 이천 미터 산자락에는
꽃풀만 뜯어먹는 알프스 소들이
푸지게 꽃똥을 누고요
범꼬리 목화풀 용담 솜다리 에델바이스가
그 똥을 먹고 자라는데요
소똥 속에서는 아주 작고 이쁜 꽃향기가
무더기로 피어나고요
터질 듯 불은 젖통을 드러낸 소들은
꽃풀 위에 비스듬히 누워

두 눈 가득 만년설을 담고 되새김질을 하지요
그마저 지루해지면 아래턱을 돌리며
늘어지게 하품을 하는데요
그때마다 솜다리 목화풀 꽃내음이 코끝을 간질이지요
간간히 들리는 빙하 무너지는 소리에는
꿈적도 않구요 다만
낮고도 깊은 워낭소리로
아이거북벽 흰 이마를 울리는데요
꽃풀의 떨림에 눈 먼 요정
요르레이 요르레잇디
노랫말을 입 안에 굴리며
꽃 멀미하듯 꽃똥 향내만 쫒아가지요
하니요 레이요 릿디리리~
네버엔딩 후렴처럼 흥얼거립니다

- 「꽃똥」 전문

표제작인 「꽃똥」은 맘껏 흥겹고 긍정적이다. "알프스 소들"과 알프스의 꽃의 관계는 무척 흥미로운 순환구조를 지니고 있다. '꽃풀–소–꽃똥–꽃'으로 루프를 이루는 모습은 「에페스」와 더불어 시인의 향후 시세계를 유추할 수 있게 한다. 과장되지 않은 묘사는 선명하고 시의 배경인 "알프스"는 마침내 속세의 번뇌를 모두 벗어 버린 이후의 세계를 보여주는 듯하다. "등 굽은 노인"이 열반에 든 세계처럼, "만어사 돌 물고기"의 후생처럼, 어떤 해탈의 장소를 구체화시킨 듯 평온하다. 이것이야말로 시인의 내면에 깔린 근원적인 울림이며 이데아의 현현顯現일지도 모른다. 이런 곳에서는 "홍등 아래에서/ 수천 번을 떨었을/ 작은주홍부전나비"(「문신」)

도 꽃똥을 먹고 자란 알프스 꽃향기를 맡으며 맘껏 날 수 있지 않을까? 이렇듯 「꽃똥」은 최선희 시인의 시편들이 귀결되는 지점이다. 제각기 고유한 음색을 지녔던 작품들이 「꽃똥」에 이르러 하모니를 만드는 일련의 중심에는 스스로 악기가 되고자 했던 시인이 있다. 이런 모습이 최선희 시인의 서정이다. 뛰어넘으려 하지 않고 흐름에 몸을 맡기며 소리를 낼 줄 아는 언어는 부드럽지만 강하다. '이곳'과 '저곳'의 사이에서 떨림을 찾는 동안 시인이 발견한 세계는 한정되지 않는다는 사실을 느낄 수 있다. 그리고 이러한 모습은 시집 마지막에 수록된 「나에게 가는 길」에서 짙은 고백으로 보여준다.

> 제일 먼저 수평선을 지우고
> 수평선에 걸려 오도 가도 못하던 섬들을 지우고
> 물부라도 지우고
> 오륙도 돌아가는 연락선을 지우고
> 등대마저 지우고
> 바다를 통째로 지우더니
> 하늘을 지우고
> 저물어가는 해를 지우고
> 사차선 해안도로를 지우고
> 신호등을, 횡단보도를 지우고
> 자동차 헤드라이트를 지우고
> 편의점 앞 커피자판기를 지우고
> 사랑부동산을 지우고
> 꽃물 오르는 벚나무 숨통을 누르고
> 생살 돋는 팔손이 손가락을 자르고
> 멋모르고 입술 여는 동백꽃처럼
> 버스정류장에서 만났던 남학생 이름이 떠오르고

노랑각시붓꽃은 꽃 없이도 바위틈에 향기를 내리고
늙은 참나무 연연두 새잎을 두 서넛 가지 끝에 내어
걸고
드라마 속 주인공이 죽을힘을 다해
마지막 고백을 하듯
지우지 못한 것들 꺼내지 못한 것들 틈에서
오래전 나를 찾아가는,

- 「나에게 가는 길」 전문

스스로 악기가 되어 소리를 낸다는 건 시적 대상과 일체가 되는 단계를 넘어 자신만의 음색을 지니는 일이다. 더 깊은 곳까지 몸을 내리는 건 오랜 사유의 흔적이다. 얼마쯤의 깊이에서 어떤 소리를 낼지는 오롯이 시인의 몫이겠지만 얼마나 되울림을 일으키느냐에 따라 공명의 파장이 달라지는 것은 자명하다. 이때 필요한 건 '비움'이다. 「나에게 가는 길」에서 지우는 행위는 바로 울림통을 만드는 비움의 수행이다. 시에서 표현한 수평선, 섬, 물보라, 오륙도, 등대 등 구체적 사물은 독립된 개체이면서 동시에 포괄적인 삶의 현장이다. 이렇게 볼 때, 시인이 지우고자 하는 것은 왜곡된 나이며 회복시키고자 하는 것은 본래의 나이다. 결국 "오래된 나를 찾아가는" 길이란 "내가 가벼워진 만큼/ 절이 무거워졌겠다"(「뻔뻔한 기도」)는 고백처럼 지움으로써 얻어지는 여백이며 '공空'의 방향인 셈이다.

최선희 시인에게 시는 자신의 몸을 탄주하기 위해 몸을 비우는 과정이며 동시에 '선禪'에 이르는 여정이다.

"제풀에 허물어져도/ 당신 하나로 버티고 선/ 꽃탑"(「상사화」)이야 말로 시를 쓰는 농안의 시인을 그대로 비유한 것이라 볼 수 있다. 버틴다는 건 허물어지지 않겠다는 다심이다. 이런 다짐이야말로 시인이 지속적으로 공명을 일으키는 원동력일 것이다.

이런 걸음을 통해 살펴본 시집『꽃똥』의 굵은 축이 스스로 울림을 내고자 하는 수행의 과정이었다면, 몇 편의 작품을 통해 어림해본 최선희 시인의 다음 걸음은 잔상이 긴 무아無我 언저리가 아닐까? "지우지 못한 것들 꺼내지 못한 것들 틈에서/ 오래전 나를 찾아가는," 길에서 새로운 소리를 만나길 기대하기로 한다.

꽃똥

시와사상 서정시선 1

찍은날 | 2020년 9월 24일
펴낸날 | 2020년 10월 5일

지은이 | 최선희

발행인 | 김경수
주 간 | 박강우
부주간 | 김예강
편집장 | 이경욱
제작총괄 | 채수옥
디자인 | 김행선
펴낸곳 | 시와사상사
부산광역시 금정구 부곡동 325-36번지
전화 : 051-512-4142
팩스 : 051-581-4143
E-mail : sisasang94@naver.com
http://www.sisasang.co.kr

등록번호 | 제05-11-7호
등록일자 | 2005년 7월 18일

인쇄처 | 도서출판 세리윤

값 9,000원

ISBN 978-89-94203-28-7 04800
ISBN 978-89-94203-27-0 (세트)

• 본 도서는 2020년 부산문화재단 지역문화예술특성화지원사업의 일부지원으로 시행됩니다
• 이 도서의 국립중앙도서관 출판예정도서목록(CIP)은 서지정보유통지원시스템 홈페이지(http://seoji.nl.go.kr)와 국가자료종합목록 구축시스템(http://kolis-net.nl.go.kr)에서 이용하실 수 있습니다. (CIP제어번호 : CIP2020039808)
• 잘못된 책은 바꾸어 드립니다.